# 剛剛好就是最好

每天改變一點點，禪定養心的98個日常練習

U0140057

枡野俊明——著　王華懋——譯

suncolor 三采文化

前言

# 凡事適度不過度

**每天早上都兵荒馬亂？**

早上起床後要做的事情太多，總是手忙腳亂，不妨試試**提早半小時起床**。這樣不僅可以免於一早的慌亂，更能好整以暇，從容自得。

如果可以，請務必加入**十分鐘的晨坐**。打坐能夠調整身形、呼吸以及心靈，最適合在一日之始進行；而且晨坐能滋養英氣，讓人一整天精神奕奕、心平氣和。

**辦公桌總是一團亂？**

工作環境雜亂，整天都在找東西，也會拖垮工作效率和生產力。找不到東西的焦慮感，更會讓人心浮氣躁、壓力重重，進而影響健康。

禪語裡有一句話：「一**掃除**二**信心**」，比起信仰，掃除才是首要之務，乾淨整潔的環境很重要。

每當我寫作或文書工作告一段落，就會立刻將桌面整理一番，**澈底落實不累積**。讓思緒煥然一新，工作順利推進。

**晚餐吃得過晚又過飽？**

辛苦了一整天，犒賞自己這一天的最後一餐，當然會想要盡情享用喜愛的美食。但為了健康著想，應該要適可而止，「有點不滿足」才是剛剛好。

禪學重視**「適度」**的概念，提醒人要不偏頗、不走極端。特別是**身心不適的人，無論是飲食、工作、花錢、用手機等各方面，都要能從「不過度」的觀點，重新審視自己的生活習慣**。

只要能掌握適度的感覺，必定能減輕身心負擔。

禪學觀點最適合培養靜定力，我們僧侶了解日常生活中的一切，坐禪、誦經、飲食和掃除這些「作務」，全都是為了鍛鍊靜定力，實踐在日常生活中的修行。

現代社會充斥著太多混亂我們身心及生活的事物，更需要培養靜定力。我由衷希望本書能幫助各位調整好日常生活，步上健康有活力的人生。合掌。

二〇二二年十月吉日　寫於建功寺

**方丈　枡野俊明**

## 目次



## 1章 剛剛好的心態

### ——身心舒暢的19個習慣

# 2章

# 剛剛好的早晨
## ——開啟美好一天的19個習慣

3章

# 剛剛好的白天

## ——工作和人生順遂的22個習慣

# 4章

# 剛剛好的夜晚

## ——深度休息的14個習慣

# 5章

# 剛剛好的假日——人生充實度翻倍的14個習慣

# 6章

# 剛剛好的一年

## ——為人生帶來好運的10個習慣

# 1 章

# 剛剛好的心態

## ——身心舒暢的19個習慣

# 01

# 身體舒服了，心就舒服了

## ——身心一如

## ◉建立身心的良性循環

身體是否健康、心靈是否愉悅，是一體兩面。

身體健康，心情自然好；身體不適，情緒自然低落。反之亦然，憂心煩惱，心頭鬱結，身體狀況當然不好。若精神舒暢，身體自然活力十足。

將曹洞宗傳入日本的道元禪師，以「身心一如」來表現這種狀態，意味著身心其實是一體的。因此理論上來看，並沒有孰先孰後的順序問題，從身體或心靈的任何一方開始調整都可以。重要的是，在身心間打造出良性循環。

聽到調整心靈，會令人手足無措，不知該從何下手。但是調整身體，任何人都能輕鬆做到。佛教所說的「身」，包括外表、舉手投足等運用身體的一切。只要調整好「身」的部分，心自然也能隨之安定。

# 02

# 注意言行舉止

## ——讓人生好轉的「身口意」法則

## ◉舉止有度，才有真幸福

佛教有句話叫「三業清淨」。業即是行為，業有「身口意」三業，即「身業」（行為舉止）、「口業」（話語）、「意業」（心）。

舉止優雅、外表整潔，遣詞用句自然就會恭敬有禮，連帶心靈和情緒也變得安定潔淨。

佛教認為只要清淨這三業，就能種善因結善果，打造善循環的關鍵。當然，善的循環包括了身心健康。意味著，三業是所有正向循環的基礎。

禪宗認為，簡樸而自然的舉止才是美。真心誠意、謹言慎行，就是最美。即使裝模作樣假高貴，這種鍍金美也很快就會脫落了。

# 03

# 做一個規律的人

## ——為懶散的自己安排日課

## ◉自律，不等於自縛

調整身心還有一點很重要，那就是建立規律的生活。先自行規劃好，幾點做什麼事的一日行程，依據規則行動。以佛教的說法來說，就是束縛。

人如果自由行事，就會無止境地放縱懶散下去。擺脫受到規矩束縛的憋屈，固然暢快，但也會失去緊張感，變得鬆散，導致身心失衡。為了避免這種狀況，禪學建議養成規律的生活。

不過箍得太緊，又會過度限制行動自由，而造成問題。所以要考量能否每天持續而不勉強，來制訂每日規則。

# 04

# 用平常心做好該做的事

## ——回歸規律生活

## ◉ 仿效禪僧的勤勞作務

我們每天都要執行作務，從坐禪、誦經、掃除、飲食到學習，生活中的一切都是修行，其中特別重視掃除和農務。奠定作務基礎的正是八世紀後半至九世紀初期的百丈懷海禪師。

佛教在印度誕生時，戒律禁止僧侶自行準備食物，必須依靠他人布施，才能飽餐。直到佛教傳至中國後，禪寺蓋在遠離人煙的深山，僧侶難以前往市街托缽，因此開始自行耕作，過著自給自足的生活。

百丈禪師將農務正式列為禪寺規則，定位農禪生活是重要的修行。「一日不作，一日不食」——百丈禪師的這句話，傳遞出自己決定該做的事，按時淡然地做好每件事，強調規律生活的重要性。

# 05

## 培養良好日常習慣

### ——身體習慣了，就不痛苦了

## ◉每天一點苦，三個月就習慣了

規律的生活，良好的生活習慣。

禪僧一入門，便透過最初的修行，學會並建立良好的生活習慣。這些修行極為刻苦，不能吃、不能睡，還要跪整天的嚴酷生活。「好了，現在要打掃，接下來是坐禪，然後是誦經、吃飯、學習……」每天就像這樣，一刻都不能喘息，必須俐落且細心地完成每一項既定工作。

修行期間，動輒會被坐禪時使用的「香板」用力敲打。除此之外，還有一大堆必須記住的規定等等，身心都瀕臨極限，讓人想要逃避。

奇妙的是，即使是這樣的苦行，人也會漸漸習慣。過了三個月，就養成了良好的日常習慣，身體不假思索地自動進入下一個行動。

因此我可以自信十足地說：「即使一開始覺得痛苦，只要努力堅持一百天，就一定能養成習慣。」

# 06

# 仔細感受每天的身體狀況

## ──天天都不一樣

## ◉每天做相同的事，就能發現細微變化

禪僧的修行，就是每天重複做同樣的事，可能就和你的生活一樣。你會覺得這樣的生活很無趣嗎？若是如此，就代表你對生活的體悟還不夠。正因為每天重複一樣的事，才能發現身心細微的變化。

以我為例，每天早晨把香插進小香爐時，會把香對折一半，但有時會長短不一，那可能就是因為注意力散漫，同時我就會提醒自己：「今天要格外小心才行。」

或是喝茶時，明明每天泡的茶都一樣，有時卻感覺不出滋味。這就是疲勞累積的徵兆，那就要提醒自己不能過度勉強。若覺得茶水清甜，表示味覺和身體狀況都十分良好。

如同「天天都不一樣」這個教誨，用心感受，其實沒有每一天是相同的。唯有每天規律地生活，才能覺察細微的差異。

# 07

# 適可而止

## ——每個過度都是危害

## ◉凡事剛剛好，就是最好

無論是工作、飲食或購物，現代人凡事都傾向於「過度」，結果把自己搞得身心俱疲。比方工作過度，搞壞身體或致鬱；手機成癮，迷失自我；暴飲暴食，導致生活習慣病。

看到上述的舉例，你是不是心有同感呢？為了健康著想，凡事有點不過癮，才是剛剛好。特別是健康狀況不佳的人，我建議可以從「過度」的觀點，重新審視自己的生活習慣。

覺得哪裡失衡了，就提醒自己：「適可而止，適度就好。」在不斷自我檢視和修正的過程中，逐漸能壓抑過度的衝動，學會掌握適度的感覺，就能改善身心狀況，恢復身心健康。

# 08

## 不走極端

### ——事事秉持中道精神

## ◉ 拋棄「非黑即白」的桎梏

佛教的「中道精神」，闡述凡事不走極端、不偏頗，持中而行的重要性。

為何佛教崇尚中道精神？因為佛教原本就不是二元論，沒有極端的全有或全無。

假設有黑和白兩個選項，代表黑與白的存在皆是理所當然。你只要有這樣的認知前提，就不會陷入二選一的煩惱。因為不管選A或B都一樣，做決定和行動時，優先考慮有緣的一方。

相對地，若是以二元論的方式思考，便會迷惘或後悔。因為無論你選了A還是B，都會後悔「我錯了，應該要選另一個的」，心裡怎麼也放不下，悶悶不樂。

所以，想穩定情緒，最好的做法就是秉持中道而行，不偏袒任何一方，就能從迷惘、煩惱和壓力中解放。

# 09

# 說聲早安，一天都有好心情

## ——打招呼，改變人生

## ◉愉快度過一天的基本功

想像一下，你向對方說早安，對方卻臭臉回應，你會有何感受？應該會覺得心情很糟，甚至一整天都被糟蹋了。對人冷漠，在對方內心造成的負面陰影就是如此強大。

人際關係中，一聲問候就能左右你我的情緒感受。朝氣十足地打招呼，就能開啟好心情的正循環。相反地，臭臉相對就會造成彼此不愉快的負循環。所以要打造好心情循環，愉悅的寒暄不可或缺。

「語先後禮」的概念源自禪語，意思是先說話，後行鞠躬。打招呼時，先看著對方說早安或午安，接著再行禮，這是基本禮儀。

現在有不少人打招呼時足不停步，也不會正眼直視對方，草草點個頭，隨口丟下一句：「嘿！」記住，這是會造成對方情緒不佳的行為。

# 10

# 不過分勉強

## ——別讓好事變壞事

## ◉這種習慣，有辦法維持一輩子嗎？

注重養生的人，時常想著多做一些有益健康之事，有時這樣的想法太強烈，就會訂下超出能力所及的目標。

比方說，從來不跑步的人卯起來說：「好，從明天開始每天跑十公里！」或是剛加入健身房的人鞭策自己：「我要每天重訓兩小時！」抑或是愛吃白飯的人下定決心：「從明天開始要減肥，一粒米都不吃！」

這些都是為了改善身體狀況而開始的習慣，但很快就會失敗了。因為即使理智上強烈地渴望持續，身體也撐不下去。

無論是運動還是飲食，想養成有益健康的新習慣，最忌諱過度勉強。最好的做法是，認清每個新挑戰都是從一小步開始，設定能輕鬆達成的目標為佳。

一邊問自己「這個習慣有辦法維持一輩子嗎？」一邊慢慢地提高目標，這樣一定能輕鬆持續下去。

# 11

# 適合你的，才是最好的

## ——小心落入半吊子心態

## ◉嚴選坊間的健康資訊

坊間充斥著各種健康資訊，以睡眠不足、肥胖、便祕、老化和免疫力不足等大多數人都在意的煩惱為主題，各大媒體競相報導五花八門的養生法。

先不管情報的品質好壞，身為受眾的我們，有一點要特別注意。不要用最輕鬆、最速效的角度去選方法，只做兩三天，一旦發現沒效就放棄。這個不行就換下一個，下一個不行，再找下一個——若是陷入這樣的循環，只不過是半吊子而已。

在決定是否要繼續堅持下去時，要用是否適合自己的觀點去判斷，如果不適合，就立刻停止。如果適合自己，就先持續做三個月，這和第五篇提到的「忍耐一百天」是同樣的道理。

所有健康法都需要經過一段時間才能驗證是否有效，因為世上根本沒有輕鬆又立即見效的捷徑。

# 12

# 生活裡的坐禪儀式

## ——身心平衡的最佳習慣

## ◉ 正念冥想源自禪

近年來醫療領域積極推動正念冥想——讓心念處在當下的冥想。因為正念冥想大多是坐著進行，常有人問我和坐禪有何不同？其實兩者是系出同源。最初是一九七〇年代末期，美國麻薩諸塞大學研究所的精神醫學教授喬・卡巴金（Jon Kabat-Zinn）長年實踐禪修，他發現只要坐禪，就會心神暢快，身體也跟著變好了。把坐禪應用在醫學上，就是正念冥想。

但兩者還是有些微差異，坐禪是放空心神，不作他想，只管打坐，最終達到身心重整。正念冥想是先有調整身心這個目標，為了達到這個目的，讓思緒有意識地集中在當下。

兩者都具有重整身心的效果，十分推薦大家加入日常生活當中。

# 13

# 調身、調息、調心

## ——調攝於三事

## 身心一體，彼此連結

你是否從早到晚忙得像無頭蒼蠅？或是經常為了一些細故而心神不寧？像這樣一整天被各種壓力追趕的狀態下，當然會身心失調。

你之所以被各種事物追著跑，是因為心中沒有餘裕。解決方法其實很簡單，每天早晚各坐禪一次。

禪學提到調身、調息、調心，透過坐禪調整姿勢、呼吸和心。調身就是調整姿勢，尾骨到頭頂呈一直線，就是最正確舒適的坐姿。調息則是用丹田呼吸，頻率是每分鐘呼吸三到四次。姿勢正確了，呼吸就順暢，接著才能心緒平穩，進入調心的狀態。

原本坐禪一次要一炷香約四十分鐘，但忙碌的現代人，每次十分鐘就足夠了。每天早晚持續做，身心緊繃就能獲得舒緩，白天能自然地進入活動模式，夜裡則能消除煩惱與不安，睡得香甜。

# 14

## 「一掃除二信心」

### ——每天掃一點，清淨效果無限大

## ◉禪學為何如此重視掃除？

禪學裡的「一掃除二信心」，教導人們先做好掃除，再來談信仰。一般認為信仰比掃除更重要，但禪學相信只要打掃好房間和庭院，心自然就被洗滌，這種清淨心，才是信仰。

當你每天都確實打掃，只要看到小垃圾、灰塵，或東西亂七八糟，就會難以忍受。相反地，若是不打掃，一個不留神，居住環境就會愈來愈髒亂。

透過打掃這個動作，心就能跟著淨化。留心任何一點紊亂，務求隨時維持整潔，何況環境整潔對健康也會造成影響。

不過要每天掃遍各個角落，實在不容易。所以我們可以依日子來決定重點打掃區域，例如星期一掃玄關，星期二掃廚房，星期三掃臥室。每次一點點，持續做下去就是改變的開始。

# 15

## 過好每一天

### ——比壽命長短更重要

## ◉每一件事都值得你認真去做

禪宗語錄《碧巖錄》的「滴水滴凍」，反映了禪學真諦。

這句話是比喻凍寒的冬季早晨，從冰柱上滴落的水滴，一瞬間凍結的模樣，曉諭人們每一天的每一個行動也是一樣，每一件事都有存在的必要，必須珍惜、認真地過好生活。

禪僧在掃除時，總是全心全意去潔淨該處，打掃時把自己變成掃帚，擦地時則變成抹布。

同理可證，工作上製作文件時，要讓自己成為電腦鍵盤，洽商時就變成商品，做簡報時就變成企劃書，要懷著這樣的心態去面對每一件事。

透過這樣的心態調整，自然就會萌生出一分一秒都不能浪費的覺悟。只要認真過生活，生活就會井然有序，時間密度提升，這輩子能完成的事情也跟著增加。這樣的態度讓人不論壽命長短，充實地過完自己被賦予的人生。

16

# 默默行走

## ——愈沉浸，愈平靜

## ◉培養無憂心

專注投入眼前該做的事，心中的雜念就會逐漸減少。即便有煩惱還是心事，或遇到令人歡喜的事，這些情緒都會倏然消失。這是最理想的心靈健康狀態，因為任何雜念，都會造成身心壓力。

當下該做的事不限於工作或日常瑣事，什麼事都行。提不起幹勁做任何事時，就沉浸在一項活動中，走路、跑步、剪紙都可以。

善於掌控自我心靈的人當中，有一些人說：「遇到討厭的事時，就無心去做任何事，但可以不停地邁步往前走。走著走著，心裡就會變得舒爽。」

正可謂透過專注來驅逐雜念，打造出無壓力狀態的百鍊妙方。找到當下該做的事，也是很棒的健康法。

# 17

# 待人接物要「和顏愛語」

## ——笑臉迎人、體貼對人

## ◉改善人際關係的最佳處方箋

臉上總是掛著柔和笑容的人，看上去就很開心、很健康。相反地，總是眉頭糾結的人，即使不到不開心、不健康的程度，也會讓人擔心：他是哪裡不舒服嗎？

《無量壽經》中的「和顏愛語」，和顏是柔和的笑容，愛語則是慈愛的話語。笑容才是最棒的，總是面帶溫和笑容的人，會以和藹的容貌吸引別人；體貼對方而說的話，能夠撫慰人心。

只要謹記行為舉止保持「和顏愛語」，好心情就會感染身邊的人，成就健全的人際關係。減少人際關係的煩惱及傷害，也是保護自己的人生智慧。

「和顏愛語」更是預防心理問題的好習慣。容易表情陰沉的人，請把這句話放在心上，多笑多說好話吧。

# 18

# 多多笑，好好活

## ——笑是最天然的保健品

## ◉愈笑愈健康

每次我提醒大家「隨時保持笑容」，就會有人反駁：「又沒有什麼值得開心或好笑的事，誰要笑得像傻瓜啊？」

笑容帶來的健康效果，早已獲得醫學認證。笑能提高免疫力、調節自律神經、活化大腦功能，好處多多。因此為了健康著想，常保微笑是很重要的，笑是沒有副作用的絕佳良藥。

平時不太笑的人，試著多多練習吧。以前有位施主教我，「只要把嘴角往後拉就行了」，就能露出自然的笑容。他還為了讓照片中的自己看起來更上相，特別對著鏡子練習一番，或利用手機的自拍功能，確定自己的笑容看起來如何。

此外，我聽說與人約好碰面，或是在面對群眾演說之前，嚼一下口香糖也很有效。嚼口香糖可以放鬆嘴部肌肉的緊繃，讓表情更豐富。

愛笑的人更幸福，請大家試試看。

# 19

## 淨化空氣

——通風換氣最重要

## ◉新鮮空氣能淨心、靜心

人類透過呼吸存活，如果吸進來的空氣是汙濁的，自然對健康有損。新冠疫情期間，大力提倡每半小時開窗換氣一次以上，一次數分鐘。因為室內不通風，更容易增加病毒傳播。

不光是為了預防病毒傳染，以身體保健為出發點，也需要進行空間的換氣和通風。打開對角線的窗戶，創造「風道」讓空氣流通。如果只有單面開窗，就開窗和門，或是利用循環扇，配合各種空間的狀況，發揮巧思。

將房間緊閉，以冷暖氣維持舒適的室溫雖然很重要，但若是從健康的觀點來看，最重要的還是幫室內空間注入新鮮空氣。換氣時，想像自然風把室內凝滯的空氣澈底淨化，身心也會宛如清風吹過一般，感到舒爽無比。

# 2章

# 剛剛好的早晨

## ──開啟美好一天的19個習慣

# 20

# 晨間習慣決定人生

## ——如何度過每天的黃金時段

## ◉睡前做什麼，會讓隔天早上起床容易一點？

很多人早上爬不起來，可能是因為前一晚熬夜的關係，或是有些失眠，又或是想到生活上的煩憂，所以不願意起床面對。不管怎麼樣，這些都是最糟糕的一日之始。

人一整天的活動時間有十六、七個小時，十分寶貴，不能浪費在一天最重要的起跑點上。從早晨起床若有各種不順利，導致連鎖負面反應，會帶來更多倒楣的事。

想度過完美一天的關鍵是早晨的好心情，也可以說早晨生活決定了人生。重新審視前一晚過得如何，讓自己能在早晨舒暢地醒來。

起床後不管有多麼討厭的事情在等待著你，都可以試試接下來提到的方法，改變一早的拖延焦慮，激發出挺身面對的活力。

# 21

## 早起一分鐘就好

### ——30分鐘的餘裕，你的一天會不一樣！

## ◉一早忙亂，會招來麻煩

不論是學生或上班族，絕大多數的人都會說：「早上趕死了！」確實，早上有許多事情要忙，有孩子的人還得準備便當、幫小孩穿戴等等，更加忙碌。

但這些擾人的瑣事，只要時間充裕就能輕鬆解決。太多人常常因為非拖到出門前一刻不可，所以才會如此慌亂。

請大家試著反向思考，與其再睡一分鐘，不如早起一分鐘。畢竟，若想好整以暇地出門，實在不能繼續賴在床上。

有時早晨匆匆忙忙，房間或廚房來不及整理，一團亂就出門，或是忘記帶東西、跌倒受傷等等，很容易招來各種突發意外。

試著提早三十分鐘起床吧。不僅可以免於一早的忙亂，心情和行動也都會更有餘裕。以從容的心情迎接早晨，輕鬆自在地出門，開啟動力十足的一天。

# 22

## 果斷起身

### ——接著，迅速開窗

## ◉一起床，大腦就開機的方法

我已經好幾十年沒有用過鬧鐘了，因為我每天早上都會在四點半左右醒來。醒來後我會在床上用力伸個大懶腰，所以完全不會賴床，接著鼓足幹勁吆喝一聲：「好！」果斷起身。

接著，我會把寺院的門窗全部打開，透過迎接清晨清爽的空氣，把夜間窒悶沉澱的空氣一掃而空。

要把屋子每一處的窗戶全部打開或許很麻煩，但我建議在出門前的幾十分鐘，打開臥室和客廳的窗戶換氣一下。這不到一分鐘的小動作，可以讓人瞬間清醒過來，做好迎接一天的身心準備。

養成果斷起身，迅速開窗的習慣後，就不需要鬧鐘了。這個習慣可以讓人迎接美好的早晨，讓一天有個好的開始。

# 23

# 沐浴晨光

## ——吸飽幸福荷爾蒙

## ◉透過晨拜儀式，啟動身體機制

開窗時對著朝陽深深行禮，同時做兩至三次的深呼吸。陰天也沒關係，因為烏雲的另一頭，太陽總是綻放著光芒。

起床後立刻沐浴晨光，有益健康。主要有三個理由：第一，大腦接收到陽光，會抑制誘發睡意的褪黑激素分泌，身體能順利切換到活動模式；第二，「幸福荷爾蒙」血清素的分泌量會增加；第三，體內會合成促進免疫力的維生素D。

全身沐浴在朝陽中然後深呼吸，把清晨的空氣深深地吸入胸腔，接下來我會建議對著東南西北四個方向進行禮拜。

這種類似古代朝廷在新年時進行的儀式「四方拜」，可以效法天皇驅逐舊年的災厄，意欲祈求皇祚長久，在晨間禮拜時，也能祈禱一天平安順利。

24

# 感謝今天可以健康地醒來

## ——培養幸福體質的方法

## ◉幸福感是身心健康的維他命

因病臥床或強烈意識到自己的生命有限的人，經常會這麼說：「每天早上能夠順利醒來，我都感到無比幸福。我能活著迎接這新的一天，真是太幸福、太感謝了。」

人在健康的時候，很難感受到這件事。因為我們會把每天早上醒來，視為理所當然。但是生命終有結束，死亡是自然的結果，並不是每個人每天都能活著迎接新的一天。

早晨醒來，要用心感受活著的幸福。打開窗戶，欣賞不同於昨日的今日景色，禮拜朝陽，或是做深呼吸時在內心感謝，沉浸在幸福感當中。

幸福感是最有益健康的維他命。即使只有一下子也好，由衷感受「我真是太幸福了」。這樣一個簡單的想法，就能調整心靈，打造出幸福體質。

# 25

# 晨間打掃五分鐘

## ——振奮情緒

## ◉把昨日的疲累掃一掃

連續遇上不順心的事，或是前一天的疲累未能消除，真的讓人很鬱悶。這樣的負面情緒，要花許多時間才有辦法振作起來。

這類情緒要趁早晨時歸零，最有效的方法就是晨間打掃。只要掃除一番，所有人都能神清氣爽。每個人都說，房間變得整潔，感覺心靈也受到洗滌。

不過聽到打掃，會讓許多人提不起勁吧？有太多人因此任由雜物累積，甚至搞得整個人不舒服，這可能是把打掃這件事想得太嚴重的關係，其實只要簡單掃一下就行了。

比方說，「隨手掃一下客廳地板，或草草吸一下地板」、「把散亂在餐桌和沙發的物品歸位」、「簡單整理床鋪」，五到十分鐘的打掃就很足夠了。光是這樣，就能讓心情煥然一新，整天都很清爽俐落。

26

# 晨坐十分鐘

## ——儲備一天整日的心靈能量

## ◉學習正確的晨坐姿勢

我之所以建議提早三十分鐘起床，主要原因是希望大家嘗試十分鐘的晨坐。前面提過，坐禪即是調身、調息、調心。坐禪可以調整姿勢、呼吸及心靈，最適合在一日之始進行。若要比喻，坐禪就如同補充元氣的營養品，具有養精蓄銳的效果。

不過，坐禪不能用自己的方法恣意進行。也許有讀者會認為「只要參考書本或影片教學就行了，很簡單嘛」，但其實坐禪的講究很多。很多人以為自己坐得直，其實幾乎都是左右歪斜，或前屈後仰、頸脖不正。

我建議大家可以參加一次寺院的坐禪會等活動，學習正確的坐姿。讓身體記住標準姿勢，接下來就可以自由發揮。除了晨坐以外，遇到想要鎮定心緒，調整心靈的時候，隨時都可以坐禪。

# 27

## 挑戰誦經

### ——腹式呼吸有益健康

## ◉誦讀《般若心經》

不分宗派，僧侶都會誦讀各種經文。經文就是弟子們所整理的釋迦留下的諸多教誨，經文中記載了闡述世間真理，讓我們平心靜氣過生活的智慧，字字珠璣。

誦經近年來也被視為一種健康法，備受矚目。尤其是以腹式呼吸來誦經，能提升免疫力，放鬆心靈，活化大腦功能，身心同時獲得平靜。

其實不只是早晨，有時我甚至會整天誦經，所以親身體認到誦經帶來的益處。所以除了晨間坐禪之外，我也建議各位再加入誦經。養成坐禪之後接著誦經，或許會更容易執行。

我特別推薦《般若心經》，篇幅短讀起來沒有負擔，但效果超群，請大家務必親身體驗看看。

# 28

## 為自己打氣

### ——幫自己大聲喊「加油！」

## ◉ 大喊、誦讀的力量

如果各位覺得誦經的門檻太高，可以試試看丹田發聲。特別是剛起床的時候，口乾舌燥，聲音容易沙啞。若是就這樣安靜不出聲，直接去上班，很難進入工作模式。大家可以試著用腹式呼吸吸飽氣後發聲，元氣會自然泉湧而出。

簡單一句話就可以，大喊：「今天也要加油！」「一切都會順利！」「今天會是很棒的一天！」就能鼓舞自己。只要發出聲音，說出口的話就會進入耳中，傳送至大腦，讓情緒平靜，心情自然地振奮起來。

雖然這是一個有點年代的往事了，聽說以前擔任日本經濟團體聯合會會長的土光敏夫先生，每天早上都會揮舞劍道的木刀，同時大聲吆喝：「嘿！嘿！」還聽說他會接著誦讀《般若心經》。我想就是這樣的晨間習慣，為土光先生的事業與人生帶來了良好的影響。

# 29

## 喝一杯溫開水

### ——避免內臟受寒

## ◉晨間的魔法之水

我從以前開始，睡眠期間都會流相當多的汗，因此切身感受到早晨的水分補給是絕對必要的。我還特別留意，不管再怎麼炎熱的夏季早晨，也絕對不喝冷飲。

喉嚨乾渴，冰涼的飲料喝起來很暢快，一不小心就會大口灌下去，這樣反而讓全身受涼。中醫常說不能讓內臟受寒，身體一冷，代謝就會降低，造成免疫力下降，全身倦怠等等，經常引發身體不適。

一起床的水分補給，最好是常溫水或燒開後稍微放涼的水。比起涼水，微溫的水更有助於喚醒身體，而且不會咕嘟咕嘟大口喝下，更能慢慢滲透全身內臟，也不會一喝下去就立刻飆汗。

早晨一杯溫開水，是調整身心、保護健康的「魔法之水」。

# 30

# 伸展全身，促進血液循環

## ——讓僵硬的身體恢復柔軟

## ◉讓身體更快進入行動模式

睡眠期間身體會變得硬邦邦，這是所有人都有感的事。僵硬的身體，會隨著起床後的日常活動漸漸鬆開，大家可以在早晨深呼吸時，順便活動筋骨。

五分鐘左右的體操就足夠了，可以做日本人都很熟悉的「廣播體操」，或公共電視台ＮＨＫ每天早上播放的《大家的體操》，也可以設計一套專屬於自己的體操內容。

每天早起三十分鐘，就有時間做短短五分鐘的運動，請大家把體操和坐禪試著加入晨間流程吧。讓僵硬的身體恢復柔軟，促進血液循環，迅速進入行動模式。

伸展筋骨更舒暢，一定能夠提升一整天的充實度。

# 31

# 早餐前活動身體

## ——讓早餐更美味的祕訣

## ◉晨間流程可以刺激食慾

常聽人說，剛起床實在沒有食慾。確實，很少有人在醒來的瞬間就肚子餓，因為胃還沒有開始蠕動，所以沒什麼食慾。這可能是有許多人不吃早餐的原因。

如果大家順利提早三十分鐘起床的話，可以趁這段時間，打開住處窗戶、坐禪、誦經、打掃，順便活動身體，腸胃也跟著蠕動，肚子自然就餓了。即使剛起床沒食慾，完成一連串任務之後，胃口應該也開了。

我自己都在四點半左右醒來，六點半左右吃早餐，光是早晨就已經活動了兩個小時。我會在寺院境內四處走動，有時甚至會餓到不吃點東西就撐不下去的程度。

若是各位讀者的話，提早三十分鐘起床活動身體就很足夠了。身體活動開了，一定會覺得早餐十分美味。

# 32

# 早餐吃得好、吃得巧

## ——注意營養均衡

## ◎早餐嚴禁大吃大喝

就算晨起活動身體之後，早餐吃起來特別香，也不能過量。吃得愈多，消化就需要耗費更多的時間和能量，甚至會耗損白天活動時所需要的能量。所以絕對要避免一早就大吃大喝。

早餐的目的是為了補充能量，讓人能夠精力充沛地活動一整天。吃到過度消耗能量，那就本末倒置了。

因此，早餐要吃得巧。白飯、麵包、麥片等碳水化合物，牛奶、優格、雞蛋等蛋白質，再加上維生素和礦物質豐富的蔬果，營養均衡是最理想的早餐。

早餐可以調節大腦和身體功能，為身心暖機。如果不吃早餐，身體的活動引擎可能要一直到中午才能開啟。

謹記！早餐吃得多，不如吃得好、吃得巧。

# 33

# 細嚼慢嚥

## ——讓大腦重開機

## ◉少量就能滿足

修行僧的飲食，稱得上是粗食中的粗食，尤其是早餐又稱為「小食」，內容只有稀得像水的清粥，配上芝麻鹽和半透明狀薄片的醃菜而已。因為量實在太少，修行僧都嚼得非常仔細，好像捨不得吃完一樣。

這個細細咀嚼的動作，十分有益健康。細嚼在早晨的功效，可以刺激大腦順利開機，就好像大腦漸漸清醒過來一樣。

嚼得愈久，飢餓感會逐漸消失，增加飽足感。要是吃飯時咬沒幾下就吞掉，不但無法刺激大腦，也會因為進食速度過快，連飽足感都感覺不到。

那些後悔「啊，吃太多了」、「好撐好難受」的人，更應該好好實踐細嚼慢嚥。

# 34

# 感謝這一口飯

## ——進食前重要的心態

## 對食物表達感謝之意

自古以來，為了端正用餐時的心態，禪宗在進食時心存「五觀想」。日本曹洞宗鼻祖道元禪師的著作《赴粥飯法》中引用了「食存五觀」的概念後，漸漸廣為人知。

主要的宗旨是感念桌上的食物是大自然的恩惠，感謝這些生命的犧牲讓自己活下去，再享用它們。

短短幾十秒就可以，各位可以在用餐前閉上眼睛，在心中默念「接下來我要領受這些寶貴的生命」、「感謝這一餐為我的身體帶來營養」。

心存感謝，就不會浪費食物，草草進食。會自然地憐憫盤中的生命，慢慢且仔細地品嚐，這樣的心態對健康也有益。

# 35

# 一早不要滑手機

## ——毀掉一天的壞習慣

## ◉起碼要忍耐到出門通勤的「通勤時間」

有愈來愈多人手機不離身，已經是種習慣和反射性動作，早上醒來第一件事就是抓起枕邊的手機開始滑。

我實在很納悶，明明很多人抱怨早上忙死了，怎麼還有時間滑手機呢？是在看新聞，查看郵件或LINE，回訊息還是打手遊？這些都沒有必要在剛醒來的時候做，畢竟需要一早連絡的緊急事件應該少之又少。

想要平靜度過一天，再也沒有比手機更擾人的存在了。一個不小心就因為用眼過度和資訊過載，搞得一早就疲憊不堪，清爽的早晨也毀於一旦。

大家可以試試看，在搭上捷運和公車以前，先不要碰手機，有助於維持身心平靜，守護健康。

# 36

## 記住「喫茶喫飯」

### ——專注一件事的純粹

## ◉邊滑手機邊做事的弊害

不光是早餐，每一餐皆是如此，現在有太多人邊吃飯邊滑手機了。好像滑手機才是正事，吃飯只是陪襯。不專注在用餐行為本身，所有的專注力都被手機控制，最糟糕的是連自己在吃什麼都糊里糊塗。

吃飯時沉迷手機也會忘記細細咀嚼，影響消化。容易忽略飽食中樞發出的訊號，導致大腦沒接收到飽足感，讓人不小心吃過量，造成味覺退化、消化不良和肥胖等健康問題。

禪語中的「喫茶喫飯」，強調喝茶時與茶水、吃飯時與米飯合而為一，學會細細品嚐的重要性。也就是教我們用餐時就專注用餐，品嚐滋味。

相反地，若是你要滑手機，就專心滑手機。因為禪宗強調的是一心不亂。

# 37

# 深呼吸，好好走路

## ——晨間散步好處多

## ◉繞點遠路也不錯

早晨的空氣潔淨無比，散步令人神清氣爽。走路的過程中，能讓潔淨的空氣充滿胸腔，還能鍛鍊下半身肌力，強化骨密度。所以要散步的話，早晨是最好的時段。

此外，散步還有其他很多好處，像是燃燒脂肪轉化為能量，消除肥胖、提升代謝，改善血脂、血糖和血壓，提高心肺功能，促進幸福荷爾蒙的分泌，降低負面情緒。散步就像是調整身心的最佳養生法。

起床後撥出一些時間走一走，不必勉強自己運動或慢跑，信步前行在早晨的風景之中，好好體會季節的變化就夠了。

早上沒時間散步的人，可以利用通勤時間稍微繞個遠路，或是早一站下車，騎自行車改為步行都可以，享受步行之樂。

# 38

## 大聲說：「今天會是美好的一天！」

### ——帶著這樣的信心走出家門

## ◉用樂觀開朗面對每一天

沒有人知道今天會是怎樣的一天。

每個人每天都有預定的行程，但是不同的日子，情緒可能是興奮或是沉重。跨出家門時的心情，大多受到當天即將面對的工作所左右。

所以每天出門前對自己說：「今天會是美好的一天！」滿懷這樣的信心，用開朗的心境照亮前方一樣，跨出活力十足的一步，十分重要。

要極力避免負面的臆測，保持心情開朗。不管接下來要做什麼，都不會畏懼，能夠精力十足地面對。即便最後未能做出好成績，也會留下全力以赴的爽快感。不會因為裹足不前，連一半的實力都無法發揮而感到後悔。

俗話說「不祥的預感，愈容易成真」，心存可能會失敗的念頭，行事畏首畏尾就不可能成功。請大家帶著信心勇敢踏出家門，迎接一天的挑戰吧。

# 3章

# 剛剛好的白天

## ——工作和人生順遂的22個習慣

39

# 享受工作

## ——把「不想」變成「想」

## ◉愈是提不起勁、困難、無聊，愈要積極面對

每天工作八小時，勞動時間就占去了一天的三分之一，也有不少人每天的工時將近半天。

人一天花很多時間在工作，若是心裡想著「真不想做了」、「好痛苦」、「有夠無聊」等念頭，實在很傷身。心不甘情不願地工作，只會讓人積鬱成疾，愈來愈疲勞，就是一種慢性摧殘。

所以大家在面對工作時，要謹記「主動享受工作」的心態。即使是令人提不起勁、困難的工作，可以想著「這值得一試」試著燃起挑戰的欲望。

若覺得工作太簡單很無聊，就發揮自己獨特的創意，讓它變得有趣吧。如果是與討厭的人洽商，就換個方向想，比起訂單，不如把目標放在獲得對方的笑容。像這樣發揮創意、轉換意識，就能把討厭的工作變成想做的工作。

關鍵心法是「我的人生，我才是主角」。記住，不要被工作役使，而是主動想要去做，並樂在其中。

# 40

# 重要的工作早上做

## ——大腦的黃金時段

## ◉成功者一早就全力衝刺

常說上午的工作效率最好。

只要前一晚睡得不錯，就有助於消除疲勞，白天都能精神抖擻。不要以為一天的時間很多，請大家把重要的工作安排在上午，例如製作企劃書或是做重要決策。若是腦袋不靈光，就無法精準思考。

此外，重要的會議也最好安排在上午。

上午是包括自己在內，與會者的腦袋都很靈光的時段，因此可望熱烈討論、交換意見，激發出不凡的創意發想。

另外，上午也很適合學習，可以參加讀書會和不同的人交流切磋，砥礪知識和技能。

請大家抱著「下午不用工作了」的心態，上午就全力衝刺吧。

# 41

# 麻煩的工作早上做

## ——拖延，只會讓問題更棘手

## ◉下定決心最重要

許多人都會先解決簡單的工作，再來處理棘手的工作。主要理由有兩個，首先是自我認定麻煩的工作一定很花時間，再來就是單純地不想做。

不過請大家仔細想想，把棘手的工作擺到後面，問題就不用解決了嗎？不論早做還是晚做，都一樣耗時也提不起勁。所以我們更不應該拖拖拉拉，而是要破釜沉舟地想：「我要第一個解決它！」

趁身體還有活力的時候鞭策自己：「好了，動手吧！」毅然去做，才是正道。比起拖到下午，反而可以用更短的時間解決。

再說，如果把難的工作排在最後，就會一直想著要快點處理才行。如果帶著焦慮工作，無形的壓力會影響身心狀況。既然無法逃避，那就早上第一個解決掉最好。

# 42

# 專注、專注、再專注

## ——半吊子的心態，只會更累

## ◉上午是最能發揮專注力的時段

當你感覺工作效率神速時，都是因為發揮專注力的原因。聽不見周遭的雜音，腦中沒有雜念紛乘，全神貫注於眼前的工作，這正是專注力的效用。這樣的專注力，最容易在上午發揮。

近年政府帶頭提倡減少加班，背景在於有許多上班族因為過度加班，身心俱疲，損害健康。

我認為要擺脫過度加班的現狀，對策之一就是澈底活用晨間的專注力。專注力低落時，工作狀態會變得有一搭沒一搭，不僅更耗時也會加速疲勞，徒增工時，加班加不完。

請各位一定要記得，早晨的專注力能有效減輕加班的疲累，上午工作時記得專注、專注、再專注。

# 43

# 午餐不要狼吞虎嚥

## ——忙碌用餐也能維持健康

## ◉預防狼吞虎嚥又暴飲暴食的方法

我熱愛麵食，不管是蕎麥麵、烏龍麵、拉麵、義大利麵，每天至少要吃一次麵，而且多半都是在午餐吃。因為麵食對胃的負擔比較小，而且可以很快吃完，又不會過飽。

理想狀況是午餐也和早餐一樣，細嚼慢嚥，細細品嚐。但我想現實中很少人有時間悠哉享用午餐。

我自己會在中午時段回到寺院住家區域的「庫裏」，也就是廚房用午飯，但老實說，吃得還滿快的。因為經常吃到一半就突然有事，所以忍不住想趁著無人打擾時，趕快吃完。

日後為了自我警惕，我建議各位減少午餐的量是很有效的方法。因為量一多，就不可避免地會狼吞虎嚥又暴飲暴食，有害健康，不僅對腸胃造成負擔，甚至導致肥胖，一點好處也沒有。

只要午餐的量不多，就能細嚼慢嚥，得到飽足感。

# 44

# 十分鐘的午覺

## ——重振身心的驚人習慣

## ◉成功人士的超一流小睡術

用完午飯後，有時會感到睏倦。這種時候不需強忍睡意，可以午睡十到十五分鐘。

俗話說「吃飽就睡像條豬」，但現在似乎反過來，鼓勵人們在午飯後小睡一下，有助於消化。

我的醫師朋友也鼓勵午睡，他說如果情況許可，絕對要午睡，所以我都藉由午睡來消除午餐後的睏倦。幸好我是那種任何地方都能睡的人，一閉眼就進入熟睡狀態了。

親身試過就知道，午睡真的讓人身心舒爽。有個說法是，飯後喝一杯咖啡再睡，約三十分鐘後，咖啡因開始發揮清醒作用，就能爽快地醒來。

請大家午餐後搭配咖啡和午睡習慣，仿效成功人士的高效祕訣。比起腦袋昏昏沉沉地執行午後的工作，一定更能發揮高水準的表現。

# 45

# 上午用腦，下午用身體

## ——工作有各自合適的時段

## ◉最適合放在下午做的三種工作

午餐後睏倦和下午的注意力不集中，容易讓人懶散起來。尤其是上午認真工作後的疲勞，更常讓人疲憊難當。

其實也有適合下午時段的工作，首先是活動身體的工作，像是外出做市調、拜訪客戶、一口氣回覆電郵、搬運物品等等。主要工作以坐辦公桌為主的人，也可以找到一些需要活動身體的事情去做。

再來是不需要花太多腦力的單調工作，像是整理資料、整理會議所需的文件、計算經費、蒐集資料等等。不過太過單調的話，反而會讓人昏昏欲睡，因此要妥善安排時程和計劃。

最後一種是團隊工作，因為身邊有其他同事，所以不能打瞌睡。這種適度的緊張感能帶來刺激，也能發揮提振身心的效果。

# 46

# 維持桌面整潔

## ——工作告一段落就立刻整理

## ◉預防找不到東西而煩躁的整理法

有許多人都不擅長維持整潔，辦公桌面文件堆積如山，光是要從裡面找到需要的資料，就是件苦差事。甚至有人成天把文件山挖到山崩，只為尋找：「咦?那樣東西放到哪裡去了?」

像這樣成天把時間和勞力浪費在找東西上，工作效率會一落千丈，當然也會讓工時沒有效率地拉長。甚至還會因為找不到東西而心煩氣躁，壓力堆積。

這裡介紹兩項我的獨特整理法供讀者參考。第一個方法非常簡單，就是每當工作告一段落，就立刻整理桌面累積的文件。

不需要的文件丟棄，要保留的就分類收進檔案夾裡。總之，在文件堆積如山以前，讓桌面恢復清爽。透過整理桌面，同時整頓大腦思緒，順利投入下一個工作，或是進入下一個階段。

第二個方法則是為每一樣物品安排一個「家」，養成用完後立刻放回家的習慣，就能大幅減輕找不到東西的煩躁了。

# 47

# 電腦桌面也要維持清爽

## ——桌面整潔更顯專業

## ◉數位資料管理心法

需要整理的不只有實體桌面而已，電腦桌面也是一樣的。

常看到有些人的電腦桌面放了許多檔案圖示，各種琳琅滿目的圖示塞得水洩不通，感覺很難找到需要的檔案。

有些人認為，只要使用搜尋功能，馬上就找到了，檔案亂放也無所謂。不過這種想法只能說太天真了，因為更常發生的是想不到合適的搜尋關鍵字，導致檔案從此下落不明。

結果就和不擅長維持實體桌面整潔的人一樣，時常因為找不到東西而心煩氣躁，身心失衡。

我建議根據工作的主題或重要性分類，製作資料夾。檔案一使用完畢，就立刻歸檔到符合的檔案夾裡，電腦桌面只留下主要工作的圖示，就能維持視覺清爽。

# 48

# 久坐是萬病之源

## ——進入專注模式時更要注意

## ◉ 時時讓身體的僵硬與歪斜歸零

工作以坐辦公桌為主的人，必須留心姿勢。特別是進入專注模式時，很容易上身前傾，直盯著電腦螢幕，忘了時間流逝。都會無意識地長時間維持相同的姿勢。

久坐這件事，近年來被視為萬病之源，不僅會降低肌肉的代謝和血液循環，對健康的危害甚鉅。為了盡可能減少坐著的時間，請大家每三十到四十分鐘就起身走一走，或是短暫數分鐘也好，試著站著工作。

此外，蹺腳也是非常糟糕的習慣。蹺腳的姿勢會讓身體核心歪斜，脊椎為了平衡，只好扭曲。最好不要有蹺腳習慣，如果一時改不掉，至少要左右流輪蹺腳，不讓身體朝任何一方歪斜。

我有位熱愛打高爾夫球的朋友，因為過度練習揮杆，導致骨盆和脊椎錯位，飽受折磨。據說醫師建議他也要往反方向揮杆，但他表示真的很難啊。各位就把這個例子當成負面教材吧。

# 49

## 調校日常姿勢

### ——端正骨盆、挺直脊椎、打開胸腔

## ◉ 你是否變成前屈姿勢了？

你工作時的姿勢是不是身體前屈，就像整個上身貼近電腦一樣。專注工作是好事，但姿勢不良實在令人無法認同。

姿勢不良會引發各種健康問題，脊椎歪斜會造成肩頸痠痛或是腰痛，胸腔狹窄則會讓呼吸變淺，無法充分呼吸氧氣，讓人容易疲倦，昏昏欲睡。

更進一步地說，不良姿勢可能導致情緒低落。當人有心事或煩惱時，就會下意識地垂頭喪氣、彎腰駝背，也可以說是因為姿勢不良導致情緒低落的。

為了避免這種情形，在坐下來準備辦公前，要刻意端正骨盆，把下腹往前推，讓背脊自然向上伸直，胸腔打開，呼吸變深。隨時留意自己是否變成上身前屈姿勢，一發現就立刻矯正。

我自己的做法是，把肩胛骨用力往後收縮，並大大地轉動肩膀。這樣的放鬆體操可以促進血液循環，消除疲勞。

50

# 「一息半步」的步調

## ——工作一小時休息五分鐘

## ◉打坐以四十分鐘為一個單位的理由

禪僧的打坐修行以四十分鐘為一個單位，稱為「一炷」。

即使是修行僧，長時間盤腿而坐，腳也會發麻，血液循環受阻。禪僧在下「一炷」開始前，會進行約五分鐘的「經行」也就是步行，作為短暫休息。

曹洞宗採用「一息半步」——「吐一口氣，走半步；吸一口氣，走半步」用這種極為緩慢的步調行走並全神貫注。

「一息半步」就像是維持著意識的專注，舒緩因長時間維持同一個姿勢而僵硬的身體和腳部的緊張，能有效地消除疲勞。

各位長時間工作的上班族們，也可以應用禪學的這種思考，工作一小時就休息五分鐘，並趁著這五分鐘活動筋骨，對舒緩緊繃很有幫助。

若是可行也可以嘗試禪宗的「一息半步」，一定可以讓身心煥然一新，湧出下一個小時繼續衝刺的元氣。

# 51

# 聰明休息

——關鍵是「欲速則休息」

## ◉「刻意休息」可以提升工作效率，減輕疲勞感

過度認真的人容易對休息感到內疚，有太多人因此放棄休假或休息時間，投入工作。但埋頭苦幹，只會降低工作效率，增加身心負擔。適度的休息，反而更能提升工作效率，並減輕疲勞感。

我把這個方法稱為「樓梯平台效果」。連續爬長達一、兩百階的樓梯，一般人都吃不消。不僅上樓速度會變慢，腳也會很痛，喘不過氣來。但若是能在樓梯平台稍事休息，就會輕鬆非常多。體力迅速恢復，痛苦也會減半。

因此「欲速則休息」，若要追求工作效率，要刻意安插喘口氣的時間就非常重要。

有時，不一定要休假一整天，可以提早下班或是利用工作空檔看看窗外景色，發呆幾分鐘也可以，也能閉上眼睛聽音樂，就可以獲得十足的「樓梯平台效果」。

# 52

## 消除眼睛疲勞

——現代人的眼睛都過勞

## ◉數位時代不可或缺的保養

我在五十五歲的時候，第一次發現自己有老花眼。當時我正對著電腦螢幕工作，突然感到肩膀僵硬，痠痛到無法忍耐。

我試著自行揉捏捶打，卻不見效，去醫院檢查才知道只是老花眼而已。看來是我沒發現自己得了老花眼，過度勉強自己，才會招來肩膀痠痛的結果。

醫生說像我這樣罹患老花眼，或是眼鏡度數不合，會導致眼睛更容易疲勞，所以最好先去檢查一下視力。

現代人經常長時間注視電腦和手機，導致眼睛過度操勞。不僅如此，緊盯著螢幕看，會減少眨眼次數，導致眼睛乾燥，加重眼睛疲勞。

眼睛疲勞甚至會影響全身，造成肩膀和腰部痠痛、自律神經失調。

為了眼睛著想，必須時時休息，也可以熱敷眼睛、點適合自己的眼藥水等等，設法減緩眼睛不適的症狀。

# 53

# 遇到瓶頸就仰望天空

## ——單純卻有效的振作方法

## ◉別老低著頭

從高樓觀察路上的行人就會意外地發現，人不會往上看。大多數人不是盯著腳下，就是視線筆直看著前方，或是緊盯著手機螢幕不放。所以我想多數的現代人，一天可能連一次仰頭看天空的機會都沒有。

其實這樣很不好，這會讓情緒愈來愈沮喪，消沉委靡。特別是工作上遇到瓶頸、思考當機時，最好刻意仰望天空。

這樣一個簡單的動作，就能讓籠罩內心的迷霧散去，非常神奇。對於棘手的工作，也能用全新的心情去面對。

仰望天空，就是個簡單的動作而已，請各位就當作被騙，親身體驗一下吧。若是遇上晴朗的藍天，效果更好。

從太陽的力量中汲取元氣，心靈也獲得安頓，煥然一新。

# 54

## 工作不要塞太滿

### ——爆量就糟了

## ◉行程過度滿檔的人易怒

職場上要是有個易怒的人，氣氛就會劍拔弩張，也會讓周圍的人覺得好討厭，充斥著負面氛圍。

雖然因人而異，但易怒的人多半不擅長管理行程。不知道是對自己的能力太有自信，還是時間估得太寬鬆，很容易安排出過度滿檔的行程表。

如此一來，行程當然就會過度緊湊，讓人在時間和心靈上都毫無餘裕。結果工作爆量，預定的工作連一半都無法完成。最糟糕的情況，還會歸咎於部下或別人，到處遷怒。

這種憤怒情緒的棘手之處在於，它會對身心造成不良影響。人一憤怒，自律神經就會失調，心跳和血壓上升。有時我們會說氣到腦充血，就是在描述這種狀況。

此外，憤怒不只是影響個人，被遷怒的人也可能因為精神壓力而導致健康出問題。所以總是氣呼呼的人應該重新檢討，規劃出遊刃有餘的工作行程。

55

# 工作不堆積

## ——被逼急之前先解決掉

## ◉活用「待辦清單」

該做的工作堆積如山，沒有比這更逼迫上班族的狀態了。隨時想著必須盡快處理，所以愈來愈煩躁，這會形成侵蝕身心健康的無形壓力。

因此，面對工作的鐵則是迅速處理，不堆積。但如果已經累積了不少工作，那也沒辦法，這時要將心態從「這個還沒做，那個也還沒做」轉換成「這個已經做了，那個也完成了」。

大家可以試著製作「待辦清單」，根據表單上的優先順位，效率十足地處理工作。比方說，一邊處理期限將近的工作，同時在空檔穿插每天要做的例行公事。若有了較寬裕的時間，就把期限較晚的工作提前處理掉。

每解決一項工作就畫線刪除，獲得「好，完成一項了！」的成就感，更加振奮精神。

# 56

# 不生氣

## ——先做深呼吸，爭取緩衝

## ◉默念三次「冷靜、冷靜、冷靜」

禪宗教導我們，不要讓怒氣衝上腦袋，而要壓制在丹田。如此一來，就能平息憤怒，讓情緒鎮定下來。

具體做法是，當湧出憤怒的情緒時，不要立刻爆發，而要設法爭取緩衝。可以先深呼吸，在心中默念三次「謝謝、謝謝、謝謝」、「冷靜、冷靜、冷靜」，或是「沒事、沒事、沒事」。很神奇地，就能控制憤怒。

如果憤怒依然沒有消散，繼續在心中醞釀的話，祕密地傾吐在某個地方也是一個方法。比方說，把怒氣打在手機的記事本裡，或寫在日記或筆記本上，情緒就能得到梳理。也不會因為積壓憤怒而渾身不舒服，巧妙地抒發。

不過這些憤怒紀錄要盡快刪除銷毀，若是不小心外流，有可能變成引發戰火的火種。

# 57

# 非思量

## ——避開麻煩的禪學智慧

## ◉靜待風雨過去，平靜自來

人們內心有煩惱、心事和不安時，會什麼事情都沒辦法做。不僅工作難有進展，嚴重的情況甚至會食不下嚥。就和身體不適一樣，哪裡疼痛或不舒服時，意識就會集中在該處。而且身心不適的狀況是，愈在意就愈嚴重。

當你陷入這類棘手的狀態時，只能放空腦袋，讓心靈歸於「無」。禪學裡說「非思量」，雖然聽起來很深奧，簡單來說就是無條件地接受眼前的問題，靜待它過去。

若把心比喻為池塘，把煩惱視為投入平靜水面的小石頭，人在陷入煩惱時，就是漣漪擴散的狀態。這時若是為了制止漣漪而把手伸進池中，只會激起更大的漣漪，煩惱就是像這樣不斷地擴大。

只要什麼都不做，水面終將歸於平靜，「非思量」指的就是這種狀態。請大家在遇到煩惱或是心思紊亂時，更不能胡亂掙扎。靜待麻煩過去，其實才是恢復心靈平靜最快的捷徑。

# 58

# 相信「總會有辦法」

## ——一掃內心陰霾的咒語

## ◉日本一休禪師留下的終極人生箴言

不管再怎麼擔心煩惱，有些事情就是無可奈何。這種時候就應該看開，別讓沮喪的時間拖長。若是心中充滿陰霾的狀況持續下去，只會讓人委靡不振。

其實大部分的事情都能解決。看似矛盾，實非如此。關鍵端看個人的心態轉變，因為煩惱可以好轉也可以更壞。最好的做法是，相信事情總會解決，花時間煩惱，不如採取行動。

一休禪師在八十七歲過世之前，留下一封信給諸弟子後說：「往後若是遇上怎麼樣都解決不了的困難時，就打開這封信。」幾年後，弟子們真的遇上了困難，打開信一看，上面寫著：「沒事的，一切都會解決的。」弟子們一定十分錯愕，啞然失笑吧。

這正是一休禪師的終極教誨。面對危局內心惶惶無措時，心想「沒事的」、「總有辦法的」，笑著帶過就行了。擔心只是白費力氣，因為有九成的煩惱都能解決。

# 59

# 桌面淨空後再下班

## ——為今天畫下句點的儀式感

## ◉為了不被今日拖累的明日

工作期間桌上免不了一片凌亂，因為有許多工作無法靠電腦處理，因此桌上散落著各式文件、書籍、筆記本和文具。這個狀態好像是證明你很認真工作，問題是你沒有把桌面收拾乾淨就回家。

因為不整理就回家，隔天上班時就無法用嶄新的心情面對工作：「好，動工！」若是桌面一片雜亂，幹勁就會被削弱。開始工作後，還得先回想該從哪裡繼續做？

有些讀者或許覺得不要整理，更容易延續前一天的工作狀態，但我反而認為會被未完的昨天所拖累，腦袋一片混亂。

結束一天的工作後，請大家把桌面收拾乾淨，畫下今日的完美句點。為了心理健康著想，這是很重要的小習慣。

為了替明天做好準備、為了一早能舒爽地開始工作，我誠摯建議把下班前的整理當成例行公事。

60

# 欣賞夕陽

## ——在白天結束前，抬頭仰望天空吧

## ◉用最好的狀態迎接夜晚

即使白天的工作尚未完成，終將隨著日落而告一段落。我建議忙碌的現代人留個空檔，欣賞一下天空的晚霞。

日落的時間依季節和地區而不同，但是上班族的下班時間都差不多。我們可以把日落視為白天活動告一段落的信號，在能夠欣賞美麗夕陽的地點，觀看太陽漸漸西沉。

開心的事、討厭的事、麻煩的事……在白天即將結束的最後時刻，有美麗的夕照點綴，沁入心田。精神獲得洗滌，接著迎接夜晚。

日出十分美好，但日落之美也不遑多讓。我也熱愛欣賞日落美景。隨著太陽西沉，陽光轉為橘黃，最後倏地消失，只留下一道殘光，在昏暗的天空留下深沉的餘韻。

把望著日落、沉浸在安詳的時刻，當成晴天時的例行公事吧！這能讓心靈獲得滋養。

# 4 章

# 剛剛好的夜晚

## ——深度休息的14個習慣

61

# 盡快回家

## ——準時下班

## ◉成功人士的夜間習慣

有些人很自豪天天工作或遊玩到深夜，常聽到有人大肆炫耀自己的夜間活動很豐富，不知道是想誇耀自己體力旺盛，還是相信不眠不休很了不起。

比方說，「這三天我幾乎都沒睡」、「這個月我真是忙得沒日沒夜」、「我連續好幾天晚上都去跟人喝酒」。但絕大多數都是誇大渲染了。

即使有人真的在夜間拚命做什麼，白天恐怕精神委靡吧。所以根本沒必要附和這樣的夜型人。

畢竟大多數人比起夜晚，白天更能精力充沛、效率十足地工作。就算勉強工作到晚上，只會搞壞身體。如果聽到同事刻意諷刺「已經要下班了？真閒」，就當成耳邊風吧。

到了傍晚，就盡快結束工作，消除一天的疲勞，隔天再繼續努力，這才是成功人士調整自身狀態的訣竅。

晨型人才是最好、最棒的。

# 62

# 為明天預做準備

——明天的成功
取決於前一晚的努力

## ◉杜絕「明天再說」的壞習慣

前一章提到，結束一天的工作，就把桌面整理乾淨。下班回家後也能參考這個做法，房間內井井有條，早上醒來時，心情也會比較好。若是身處雜亂的居家空間，就會覺得一整天糟透了。

此外，還能先準備好隔天的所需物品。為了避免早晨的忙亂，可以預先準備好早餐或做午餐便當所需的食材，拿出隔天要穿的衣物，檢查隨身物品東西，或是手機充電等等，其實花不到十分鐘。

聽到收拾整理，大多數人的第一個念頭都是「真麻煩，明天早點起床再弄就好了」，其實只要轉換心態，想著這是在為明天預做準備，行動起來就容易多了。

別忘了，美好的一天從無壓力的早晨開始。前一晚做好準備，隔天起床即能迅速進入狀態。

# 63

## 夜晚靜靜地度過

### ——晚上九點後結束行程

## ◉清空，才能裝得下更多

人一整天精力充沛地活動後，其實相當疲累，應該不可能還有餘力玩到深夜。不管是工作還是玩樂，都建議在晚上九點結束，讓疲勞舒緩。為了提高靜定力，其實有最合適的夜晚生活模式。

我的睡前流程是傍晚六點結束工作，花兩小時吃晚餐和洗澡，接著再工作一個半小時，在九點半關掉電腦。上床睡覺前，先去佛壇禮拜。透過這樣的行程，讓白天的亢奮平靜下來，一躺上床就能立刻睡著。

很多人可能需要加班應酬，晚上也相當忙碌，如果可以的話，盡量在九點結束活動。那麼在上床睡覺前，至少有兩小時的時間，可以聆聽療癒系的音樂、閱讀詩集、欣賞畫集、享受香氛等等，讓心安放。

由於我們白天大量用腦，額葉的血流量會增加，因此，夜晚最好讓腦袋放空，讓額葉好好休息。

# 64

# 悠閒泡澡

## ——二十分鐘熱水澡，放鬆又減壓

## ◉靈感總在泡澡時乍現

泡澡是最棒的黃金時段，可以恢復一天的疲勞，調整身心。然而近年來有愈來愈多年輕人只沖澡而不泡澡，真是太可惜了！

或許是因為炎炎夏日，所以不想泡進熱水裡，其實夏季更應該泡澡。因為整天待在室內吹冷氣、喝冷飲、吃寒涼食物等等，體內意外地寒冷。我不分四季，都會泡個二十分鐘的熱水澡，讓身體由內暖到外，真的很舒服。

而且泡澡還有另一個好處，就是容易產生靈感。有時候一整天搜索枯腸，卻都想不到好的解決方案。這種時候若是拋開苦思，泡澡放鬆，經常就會有妙點子從天而降。

各位可以多多活用泡澡時間，不但暖身又能讓思路活躍。

# 65

# 經營家人關係

## ——有些事面對面就能彼此理解

## ◉重要的是一起用餐

只要家庭不和，所有的家庭成員都會壓力纏身，進而影響健康。

我認為主因之一是現代人都各自用餐，不再一起同桌吃飯了。一起用餐的時間減少，家人間的關係自然變得淡泊。

今天你發生了哪些事？最近你有沒有什麼心事？對未來有什麼期望？家人間彼此不了解，最終漸行漸遠。

為了避免這種情形，我們家的晚餐時間都盡量全員到齊。即使只有短短的幾十分鐘，也可以聊許多事。就算沒有說出口，有些事情只要面對面，就能心神領會。

晚餐時間很難配合的話，早餐時間也可以。如果每天碰面很困難，一星期一、兩次也好，總之安排全家一起坐下來吃個飯吧。

家庭的親密關係，是在餐桌上經營出來的。

66

# 習慣不吃飽，七分飽最好

——飲食適度不過量

## ◉固定時間吃三餐

生活禪的要點在於規律。因此禪宗很重視在早、午、晚固定的時間用餐，我的三餐時間是早餐六點半、午餐十二點、晚餐六點半。

規律的飲食生活是健康基本功，也是調整身體節奏的重要關鍵，因此希望大家也能將每天用餐的時間固定下來。

另外，晚餐最應該注意的是不過量。晚餐是努力了一天之後的最後一餐，所以可以理解想要盡情享用美食的慾望，這正是考驗適量平衡的時候。

俗話說「七分飽，剛剛好」，我自己隨著年紀增長，也會留心不要吃太飽。而雖然我個人不太喝酒，但是適量飲酒也有促進血液循環、幫助消化等健康效果。

# 67

## 別在晚上做決定

### ——全部留到隔天早上

## ◉睡前做決定容易後悔

夜晚看似是個獨自沉思的好時光，其實完全不然。因為被黑暗籠罩的夜晚，思考容易陷入負面消極，無法正向思考和思考未來。

此外，也要避免在夜晚下重大決定。愈重要的決定，愈不能在身心能量傾向負面時去做。這時候人會陷入悲觀意識，傾向消極的行動，結果只能得到令人失望的結果。

夜晚最適合用來療癒身心的疲憊，才是順應自然法則的做法。比起胡思亂想、輾轉難眠，更重要的是不思考、不做決定。即使有牽掛不下的問題，也留到隔天早上，先好好睡上一覺，補充身心能量之後再說。

隔天早晨清爽地醒來，沐浴在陽光下開始活動——這時候才是做決定的好時機。

# 68

# 不為明日煩憂

## ——不安與擔憂都是妄想

## ◉達摩祖師傳授的安眠祕訣

再好睡的人，只要心有不安或擔憂，還是有可能會失眠的。這種時候要在內心想：「你的煩惱，只是一種妄想。」

有個故事教導了我們這個真諦。禪宗初祖達摩大師的弟子慧可來找他傾吐煩惱：「我心中總是充滿了不安，請大師為我消除不安。」

達摩祖師打包票說：「沒問題，交給我吧。」接著他說：「那麼，把你的不安拿出來我看看吧。」

結果慧可不知所措，因為他根本無法把不安從心裡拿出來。於是，慧可恍然大悟，原來他的不安根本是虛幻之物。

如同達摩祖師的這番教誨，憂心與不安都是人心任意編造出來的事物，沒有實體，只是妄想而已。一旦明白這個道理，就知道沒必要為尚未發生的事情煩惱，能夠輕易把不安逐出內心了，還能減少因失眠給身體帶來的壞影響。

# 69

# 九點以後不碰手機

## ——離手機愈遠愈好

## ◉手機放旁邊就會忍不住拿起來看

再也沒有比手機更擾亂夜晚寧靜時光的東西了。明明沒有需要，但只要手機在身邊，就會忍不住拿起來滑一下，十分棘手。甚至直到入睡前一刻還盯著螢幕，心緒就會持續興奮，難以入眠。

大家可以為自己設定使用規則，晚上九點以後不碰手機。不光是下決心，還要加上某種強制性。

比方說，設定不看螢幕的時段、關掉訊息通知的功能。或是把手機放在距離活動範圍較遠的地點，做一個讓手機充電的「家」。

假設你常待在一樓，就把手機放在二樓房間；人待在臥室時，手機就放在玄關、兒童房或父母的臥室等，還要特地去拿會覺得很麻煩的地方，就是最理想的地點。當然，不能忘記關掉通知鈴聲。

自覺有手機成癮的人，可以先從戒掉睡前滑手機的習慣開始，相信一定能大幅改善睡眠品質，身體狀況也會有明顯改變。

# 70

# 賞月

## ——洗滌心靈

## ◉明月清風讓心回歸純淨

夜深時，你可以抬頭仰望夜空。夜空上清晰地掛著陰晴圓缺的月亮，它時刻不同的美，令人由衷感嘆。即使是看不見月亮的雨夜，也會感覺彷彿看到了月亮的幻影。

佛教中的月亮，象徵我們每個人與生俱來的美好悟性。正因如此，賞月才會讓人感到內心平靜。

禪語說「誰家無明月清風」，不論貧富貴賤，每家每戶都有月光遍灑、清風吹拂。

明月與清風意味著佛性，意指再如何貧賤的人，心中都有佛性。聽了是否讓人身心潔淨呢？

每晚欣賞月亮，讓心回歸原本的美。我認為這也是保養心靈的重要活動。

# 71

# 仰望星空

## ——緩和壓力和緊張

## ◉看星星讓人暫時忘記憂慮

在夜空閃耀的不只有月亮而已，還有無數的星辰閃爍。前往鄉間，就能看見驚心動魄的星空，完全就如同「星塵洪水」這樣的形容。

忙碌的你我，何時又會眺望星空呢？尤其生活在都市的人，所有的注意力都被霓虹燈吸引，而忽略了星星。這實在太可惜了。

賞月的同時別忘了仰望星空，夜空閃爍的星星讓人感受到時空恆久的浪漫情懷，星辰遼闊的時間軸，會讓心胸變得寬敞。

試著思考一下，星光傳至眼中，需要多久時間？一萬光年以外的星星，它的光芒竟是在太空中經歷了一萬光年這難以想像的悠久歲月才傳到了地球。

這麼一想，為小事煩惱的自己是不是很渺小呢？特別是心緒不寧的夜晚，就仰頭看一下星空吧。

沉浸在恆久的浪漫情懷裡，久散不去的壓力就會減輕，身心不知不覺就回歸原點。

# 72

# 用感謝結束今天

## ——書寫感謝日記

## ◉回顧一天後說「謝謝」

每天晚上我都會在睡前去佛壇禮拜，回顧當天發生的事和體悟，最後以一句話作結：「今天也平安地結束了，謝謝。」

用感謝結束一天，讓心歸零。書寫感謝日記，也是回顧今日的好方法。用手機或電腦等數位裝置記錄也可以，最好是使用實體筆記本和手帳等。

不論好事壞事，把今天發生的事情寫下來。藉由書寫將各種感情傾吐出來，讓心情煥然一新，效果驚奇。

別忘了，最後一行一定要用感謝的話收尾。

一句感謝能讓暖意擴散全身，心神寧靜地結束一天。我保證，這會讓你睡得更香甜。

# 73

# 「夜坐」的好處

## ——與另一個自己對話

## ◉獲得正念人生

夜間坐禪又稱為「夜坐」。想平定心緒時，隨時都可以坐禪，其中「夜坐」特別重要。

只要養成睡前坐禪的習慣，每天晚上都能一覺到天亮，切斷擔憂紛至沓來的惡性循環，打造正念狀態。與回顧一天的生活儀式相互搭配，效果更是相得益彰。

坐禪，原本就是讓活在現實的自己，與另一個自己——本我，彼此對話。大家可以看看「坐」這個字，是由兩個「人」坐在「土」上所組成，意味著兩個自己面對面的模樣。

透過「夜坐」意識到另一個自己的存在，讓另一個本我，成為培養自律習慣的助力，迷惘與煩惱自會煙消雲散，用爽朗的心境步上安穩人生。

# 74

# 培養睡前儀式

## ——禪式生活的精髓

## ◉讓深眠度高達九九．八％的習慣

我曾受歐姆龍公司委託調查睡眠狀態，受試者除了我之外，還有該公司的業務課長和健康雜誌的總編輯共三人。我們把睡眠檢測器放在枕邊，測量睡眠時間及深度。

結果我的睡眠深度拔得頭籌，測出深眠度九九．八％的數字。其他兩人雖然睡眠時間充足卻很淺眠，因為深眠度只有三十％左右。尤其是隔天要上班，會因為緊張和焦慮，導致睡眠更淺了。

我是個很好睡的人，只要沾到枕頭就秒睡。我能這麼快入睡，全靠調整夜間作息的功勞。白天積極活動，夜晚不思考困難的問題，搭配短暫的夜坐，讓大腦澈底休息。多虧了這一連串的夜間儀式，所以我從來不受煩惱困擾，得以深沉安睡。

歐姆龍公司的人員說，睡眠品質比長度更重要，因此希望各位也能實踐夜間習慣，獲得時短品質佳的睡眠效果。

# 5章

# 剛剛好的假日

## ——人生充實度翻倍的14個習慣

# 75

# 假日更要早睡

## ——最多賴床一小時

## ◉在固定的時間做固定的事

「明天不用上班！」——週五的夜晚令人特別興奮，可以睡到飽的解放感，讓人忍不住想要夜遊、熬夜或喝酒。

但是從靜定力的角度來說，我不建議大家這麼做。因為這會打亂原本規律的生活作息，為身體帶來負面影響。

其實假日早上多睡一些，是很舒適的休養，不過只能多睡一小時。若是超過這個限度，就成了懶散。

睡太多反而造成睡眠品質下降，引發各種健康問題。有時明明應該睡飽了，白天卻感到強烈的睏倦。

每日的作息最好不分平假日，盡量在固定時段做相同的事。就算想要一些特別感，也不該變動太大。

謹記，假日前一晚熬夜一小時，隔天早上賴床最多一小時。

# 76

# 不要關在家裡

## ——在家耍廢會更累

## ◉漫無計畫，就會懶散

有太多人拿工作疲累當藉口，打定主意假日就是要在家耍廢。雖然假日做什麼是個人的自由，但是沒有預定行程，就躺在床上看電視這種做法，令人不敢恭維。一旦身體變得懶散，身心狀況反而一落千丈。

最糟糕的是被時間打發，沒有自主行動，只是任由時間虛度的人。不管是工作日還是假日，請大家為自己積極規劃使用時間，才是最重要的。

我十分建議大家，假日可以慰勞努力一週的自己和家人，試著安排一些活動，打喜歡的高爾夫球、看電影、全家出門露營等等。

休假結束後，身心也會變得輕快，未來的日子更能繼續努力衝刺。

# 77

# 愈忙碌愈要休息

## ——擺脫休假的罪惡感

## ◉覺得累再休息就太晚了

我常聽人說「忙到沒辦法休假」，代表疲勞和壓力已經日積月累，必須趕快處理才行。

可是，你真的沒辦法休假嗎？還是害怕考績變差，所以沒有勇氣請假呢？若是這樣，只是因為你沒有主動創造休假機會而已。

請各位先有這樣的意識，試著轉念思考「我要積極休假、創造休假」。

試著掌握自己的忙碌週期，在工作的淡、旺季中找到能夠休假的空檔。比方說，把這個計畫案提前三天完成，然後請五天的假去旅行。

雖然剛開始有些辛苦，但是只要想著之後可以休假，自然就能加足馬力衝刺。提前完成工作，正是一種創造休假機會的做法。

# 78

# 一動念就去做

## ——提升休假充實度的關鍵

## ◉減少想做卻做不了的遺憾

人有時會忍不住心動：「好想去這裡」、「好想看看這個」、「好想試試看」。這種時候，就要立刻把這樣的起心動念，安排到計畫裡。

比如，立刻預定電影票或報名活動，若是沒辦法就記下來，加入執行清單裡。心動後馬上行動，就不會錯過想做的事了。

我們時常有這樣的遺憾，「本來想看那部電影的，結果不知不覺就下檔了」、「本來想參加那場活動的，結果忘記買票」。

想做卻做不了的遺憾，會讓難得萌芽的好奇心成為心裡的疙瘩。擇日不如撞日，想到就立刻去做，才能提升生活幸福感。

難得的休假若是關在家裡懶散耍廢，好時光一眨眼就結束了。

# 79

## 養成運動習慣

### ——「持續」才是目標

## ◉輕鬆開始，慢慢增加強度

在假日行程裡加上一、兩個小時的運動也不錯。平日沒時間時就做五分鐘的伸展體操，假日就有充裕的時間好好運動。

挑戰沒試過的運動項目也很好，但如果有執行難度，就先從熟悉的、喜歡的運動開始。熟悉的運動可以毫無抗拒感地開始，而且因為清楚自己的實力，也能拿捏恰到好處的投入力道。

最不好的是一開始過度拚命，結果後繼無力。所以，先從輕鬆的開始，再計畫性地逐步增加強度，才是持續的訣竅。

安排每週假日運動一次，不僅可以彌補平日的運動不足，也可以讓情緒煥然一新，好處多多。千萬不要想動的時候才動，最好能刻意排進假日行程裡，養成習慣。

我曾經練過二十年的空手道，雖然中途停練了好一陣子，不過因為寫了這本書，讓我又開始心癢，考慮重新開始練空手道。

80

# 小心「情緒老化」

## ——感受比肉體更早老化

## ◉不要當個無感的人

生活只有工作的人，大多沒有特別的興趣和嗜好，只要一到假日就無事可做，不知所措。

這樣的人好像把興趣想得太嚴肅了，他們認為興趣就是需要培養特殊技能。其實興趣就是享受閒暇，只需要一點點的喜歡和有趣，任何事都可以歸類成興趣。

可以先利用假日接觸各種不同形式的新挑戰，找出讓自己一投入就忘記時間、做了覺得很幸福的活動。像這樣找到幾樣可以當成興趣的事物，生活就會變得豐富。

人們都說情緒比肉體更早老化，多多嘗試安排讓自己投入到渾然忘我的美好時光，能有效幫助心靈對抗老化。

# 81

# 沉浸在興趣裡

## ——比懶散休息更有效的重振精神法

## ◉因為喜歡所以不辛苦

人只要從事喜愛的事，就不會感到疲累。所以熱愛工作的人，不管再怎麼辛苦，再怎麼拚，都不會被疲倦壓垮。

我自己除了擔任寺院住持，也從事庭園設計工作，不過這份工作，也是從本業衍生而出的興趣。

在打造禪式庭園的過程中，這份工作逐漸擴展到規劃飯店庭園、外國大使館庭園，再衍生出設計庭園照明燈具及家具等裝潢設計，等於從更廣闊的視點，去設計包括庭園在內的整體空間。這項工作讓我非常樂在其中，從來不會覺得累。

因為我個人的親身經驗，因此我很建議大家若是找到喜歡的興趣，就試著全心全意地投入。不僅不會疲累，投入喜愛活動而產生的愉悅，甚至可以抵銷平日工作的疲累。

比起懶懶地躺著休息，用興趣提振精神，心態更健康。

# 82

# 點燃探究心

## ——你可以活得更積極

## ◉深入研究喜歡事物的方法

即使是因為喜歡而開始的興趣，在享受的過程中，經常會湧現想要更進一步鑽研該領域的衝動。上一篇提到的庭園設計，就是最好的例子。

想要深入拓展興趣領域時，最重要的就是探究心。

首先，可以延伸喜愛事物的廣度。比方說興趣是拼圖，在挑戰風景、城堡、名畫、人物等各種圖案的過程中，會對圖案的背景或歷史產生興趣。有愈來愈多想要知道的事，就會主動吸收更多知識。

接著是深入挖掘興趣的深度。我有個朋友在上班族時期，就喜歡調查在地歷史。他會趁假日四處走訪鄰近地區，去圖書館查找資料。工作退休後，現在成為在地的鄉土史專家，擔任導覽義工，過得神采奕奕。這些都是興趣變成一技之長的例子。

探究的心不會枯竭，愈投入愈熱情，讓人們活得更積極。

83

# 打赤腳過一天

## ——出門時穿夾腳拖或木屐

## ◉雙腳有許多有益健康的穴道

修行僧一年三百六十五天，都打赤腳生活。我起初很不習慣，特別是冬天，非常痛苦。

但人是會習慣的動物，漸漸地打赤腳的生活讓我感到很爽快，也許是身體自然而然因打赤腳而得到鍛鍊，禪僧幾乎都不會感冒。

我也很建議大家赤腳穿夾腳拖或木屐出門，對健康十分有益。根據中醫的說法，腳拇趾與食趾之間有可以刺激內臟和大腦的穴道。穿夾腳拖或木屐，帶子會刺激此處的穴道，等於是一邊走路，一邊為腳部按摩。

我建議各位假日的時候可以試著打赤腳生活，外出時則穿夾腳拖或木屐。平日悶在鞋襪裡的雙腳絕對會非常開心。打赤腳也能帶來預防香港腳、拇趾外翻和凍甲等腳部問題。

# 84

# 奔向大自然

## ——放下手機，走出戶外吧！

## ◉體驗森林解憂

現代人背負的疲勞多半來自過多的訊息，尤其是在都市工作的人，除了資訊洪流外，還加上通勤人潮、無機質的人工環境等帶來的壓力，疲勞感只是有增無減。

利用假日紓解這些壓力非常重要，最有效的做法就是逃離大都市，避難到資訊量少的環境，也就是前進大自然。

大家可以在附近的公園或健行步道散步，沐浴在綠意之中，或是走遠一些上山遊憩，或是時下流行的單人露營等等，有許多地方可以去。

要是去沒有手機訊號的地方就更棒了，或是乾脆放下手機出門吧。即使一兩天無法用手機，應該不會對生活造成太大的不便。

大自然具有吸收、排解日常憂慮的作用，值得大家多加利用。

# 85

# 體驗假日農夫

## ——來種花卉蔬果吧！

## ◉玩泥巴解百憂

有些人會租借市民農場，享受當個假日農夫。也有許多人在自家庭院或利用盆栽，蒔花弄草，這些都是很棒的假日休閒活動。

親自耕土，種植蔬果等植物，能為心靈帶來莫大的喜悅。光是這樣，就能得到充實的療癒效果。

此外，近年研究發現，土壤是對抗壓力的萬靈丹。根據美國科羅拉多大學的研究，土壤中一種腐生性細菌牝牛分枝桿菌（Mycobacterium vaccae）具有抗發炎、抗壓力、調節免疫力等特性。聽說研究團隊正在開發以這種細菌製作的壓力疫苗。

我不是醫學方面的專家，但是玩泥巴確實具有強大的健康效果，非常值得加入假日休閒的選項中。

# 86

# 打造小庭園

## ——「樹下石上」的隨緣境界

## ◉放空思緒欣賞庭院的時光

禪僧把「樹下石上」的環境視為理想狀態，「獨坐在石上，樹蔭下坐禪」的境界。

不過即便是禪僧，也很難隨時處於這樣的大自然當中。因此寺院裡都有庭院，亦即「禪庭」。

遙想遠方的山，以及流過山間的潺潺流水聲，將萬里風景凝縮得迷你，安置在庭園裡。禪庭藝術以精巧的空間配置呈現雄偉的自然，可謂是僧人智慧的結晶。

各位也可以在自家庭院一隅或是陽台，設置一座禪庭。只要有一平方公尺的空間就足夠了，盡情在庭院中展現自己內心的風景吧。

假日時可以保留一段時間欣賞庭院，讓心靈跳脫紛亂的日常，成為洗滌心靈的心愛空間。

# 87

# 雨天就享受閱讀

## ——奉行晴耕雨讀

## ◉身處斗室，思緒卻無遠弗屆

原本打算出門，卻遇上雨天……這種日子，除非行程無法更改，否則沒必要勉強外出。順應天氣，享受晴耕雨讀，也非常愜意。

透過閱讀，即使身在家中，心靈也能自由地四處翱翔。可以發揮想像力，前往作品中的舞台，或跳躍到設定的時代，或是與角色及作者交流，有多種方式可以享受作品中的世界。

我熱愛歷史小說，閱讀時彷彿置身各個時代，想像自己成為角色之一，與發生的事件及人物交流互動，這樣的模擬體驗趣味橫生。似乎也有人會透過閱讀，來決定下一個旅遊的地點。

能給心靈帶來各種刺激的閱讀，堪稱雨天的恩惠。

# 88

## 到寺院一遊

### ——體驗坐禪和抄經

## ◉有煩惱時就走進寺院吧

不論是住家附近或是觀光景點的寺院，待在寺院裡，總能讓人感到平靜。走進寺院就能獲得充足的假日療癒效果。

不光是參拜，我建議大家可以參加寺院主辦的坐禪會或是抄經會。請懷著輕鬆、遊玩的心情去體驗看看。

前面多次提到坐禪的方法，至於抄經一般是抄寫兩百六十字的《般若心經》。專注心神，一筆一畫仔細抄寫，大概要花上一個小時的時間。

這段期間無法胡思亂想，因此能夠帶來與坐禪相同的效果。能夠擺脫煩惱和壓力，安頓心神。

此外，抄經不需要禪僧的指導，各位可以在家利用市售的抄經組，或是把宣紙疊在《般若心經》的厚紙上抄寫，以自己喜歡的形式來進行即可。

若從磨墨開始就更好了。如此一來，抄經會有更進一步鎮定心緒的效果。

6
章

# 剛剛好的一年

——為人生帶來好運的10個習慣

# 89

## 重視家庭活動

### ——家是心靈安定的基礎

## ◉麻煩卻重要的事

現在已經很少有大家庭同住一個屋簷下了，多半都是家人四散各地，住在很遠的地方，要相聚都不容易。

即便如此，每年有幾次家族聚會的機會，還是很重要的。因為不論在哪裡生活，家，都是為心靈帶來平靜的生活基礎。

如果和家人關係不睦，內心存在著芥蒂，也會造成心緒的紊亂。

一年當中都有不少家族相聚的節日，新年、寒假、清明節、中元節，暑假、祖先忌日法事、父母生日、慶祝兒孫升學等，或是有家庭儀式感的日子。

你不必每一個都過，可以把兩、三樣的節日活動當作家人團聚的絕佳機會。無論只是回到老家團聚，或是安排家族旅行，千萬別嫌麻煩，就由你率先安排計畫吧。

# 90

# 歡喜捨去

## ——拂去內心陰霾的好方法

## ◉ 和香油錢一起拋去執著

許多人會在過年去寺院或神社參拜。在一年之始，懷著嶄新的心感謝過去的一年平安度過，祈禱未來的一年平安順利，這是很重要的活動。

我想請教各位讀者，你都是怎麼把錢放入功德箱呢？如果是盡量靠近功德箱，恭敬地輕輕放入，那我必須說，你並不明白喜捨的精神。

「喜捨」就是「歡喜地捨去」，因此最好活力十足地拋出去。這個行為不是沒規矩，反而這樣做才符合禮儀。

丟出香油錢意味著拋去內心的執著與拘泥，讓心安定，也同時代表拂去內心的陰霾，以清爽的心態迎接未來新生活的決心，所以要果斷、歡喜地拋出香油錢。

據傳釋迦牟尼遇上信徒布施物品時，都會轉讓給困難或有需要的人。只要想到自己捨去的物品能幫助別人，就一點都不覺得可惜了，反而會因為捨去，讓歡喜倍增。

91

# 學習節氣飲食

## ——隨季節調整飲食

## ◉吃在地、吃當季

在日本有所謂的《歲時記》，隨著四季變化，實踐簡單的習俗活動、季節料理，從年初開始：

- 一月七日的七草粥：撫慰新年暴飲暴食而疲累的腸胃，補充冬季容易缺乏的維生素。據說有護佑一年無病消災的功效。
- 春彼岸的牡丹餅、秋彼岸的萩餅：食用據信有驅邪力量的紅豆，可以驅逐邪氣，保佑平安。
- 夏至的章魚：據傳在關西一帶，插秧時期會食用具有恢復疲勞效果的章魚。有些地方也會食用水分豐富、能為身體降溫的冬瓜。
- 伏天的鰻魚：可以預防中暑。據傳是江戶時代的學者兼醫生的平賀源內，為了宣傳鰻魚飯而想出來的說法。
- 冬至的南瓜：南瓜營養豐富，可以預防感冒。

節氣飲食是讓身心常保健康的智慧，請務必多加學習並好好實踐。

# 92

# 享用時令食物

## ——養身又養心

## ◉珍惜大自然的恩惠

現代由於栽培和保存技術提升，愈來愈多食物一整年都能吃到了。這雖然令人感恩，但當季的滋味仍然最是鮮美。即使是同一種食物，在當季享用更能強烈地感受到，享用大自然恩惠的美好與感謝。

當季的食物體現出佛教中「諸法無我」的觀念，意即我們並非單獨存在，而是活在與萬物的關係之中。我正享用著大自然在這個季節，賜給這塊土地的生命，我對這樣的緣分感到喜悅。

此外，當季食物可以讓我們透過食物來感受季節，成為我們的心靈養分。

大家不一定全部都要吃當季，先以一半都是當季食物為目標，享受飲食吧，讓身心和生活充滿幸福。

# 93

# 為日常增添季節色彩

## ——夏季的涼意，冬季的暖意

## ◉全年一成不變真是太乏味了

有些家庭會把餐具分為平日使用和招待客人使用，我建議大家可以依季節來使用不同的餐具。除了當季食材之外，還能用餐具為餐桌點綴季節色彩，這些都是心靈豐足的養分。比方說，夏季使用薄瓷器或玻璃餐具增添涼意，冬季則以質樸厚實的陶器營造溫暖。形狀也是，夏季使用容易散熱的淺碟子，冬季則使用保溫效果佳的深碗。

日本很早以前就有配合季節使用不同餐具的習慣，把屋子的造型精簡到極限，但利用裝飾品和餐具來變換季節氣氛。藉由這麼做，能把戶外的季節變化自然帶入屋內。

一整年都使用相同的餐具，實在有些乏味呢。即使不是昂貴的餐具，換個筷架或小碟子就行了。配合季節，在平日使用特別的餐具中加一點小變化，就能把日常單調的生活點綴得多彩多姿。

# 94

# 調整自然節律

## ——季節活動是調整身心的補品

## ◉享受春櫻、夏祭、賞楓和冬雪

日本有許多享受四季的活動，從慶祝新的一年到來的新年開始，接著有節分撒豆子、端午節、早春賞梅、賞櫻、慶祝釋迦誕辰的寺院賞花祭（降誕會）、七夕、煙火、夏祭、秋祭、中秋賞月、上山賞楓……每一季的活動一個接著一個。

大家可以積極地找機會去參與，讓生活更有層次。比方說，觀賞四季應時花卉植物，如梅花、櫻花、菖蒲、杜鵑花、牽牛花、藤花、楓葉、菊花、山茶花，沉醉在花草之美中。

參加祭典時可以扛神轎，沉浸在慶祝的愉悅中，或是和親朋好友相聚，享受筵席，讓疲憊的心再次恢復活力。

四季是大自然的恩惠，是能讓生理節律帶來良好張弛緩急的補品。

95

# 過度保養不健康

## ——夏天不穿太少，冬天不穿太多

## ◉掌握季節養生原則，為自己打造強健好體魄

每個季節的保養之道不盡相同，在炎熱的夏季和寒冷的冬季，特別容易陷入不健康的陷阱，因為一個不小心就保養過頭了。

比方說，在炎炎酷夏必須讓身體降溫，如果因此就大灌冷飲，吃太多西瓜、小黃瓜、番茄和涼麵等食物，反而會讓身體過度寒涼而吃壞肚子。

服裝也是一樣。近年不管是電車裡、辦公室還是電影院，每個地方冷氣都開得很強，但夏天戶外氣溫高，衣服多輕薄涼爽，一進入冷氣房不小心很容易就感冒了。不妨可以隨身準備開襟衫等可披蓋的衣物，避免身體過度受寒。

相對地，在寒冷的冬季，則必須溫暖身體，但一樣不能過度。吃熱食、添加衣物、保持室內溫暖都很好，但如果暖到流汗，那就是過頭了。有時流汗反而會讓身體受寒，因此而感冒。

夏季與冬季，真的要特別留意過度保養的健康陷阱。

# 96

# 換季掃除整頓心

## ——舒心的小角落，沉澱心靈

## ◉提升家中舒適度的方法

家家戶戶都會在年底大掃除，寺院也不免俗。就像京都的東．西本願寺的除塵活動都會登上新聞報導，寺院多會在年底仔細清掃平時不會注意到的每一個角落。

不過大掃除一年一次實在太少了，我建議可以在季節交替時，進行比日常家事更仔細一些的掃除活動，懷著嶄新的心情迎接下一個季節，而且因為每季都清理，汙垢不會長久累積，也可以讓年底的大掃除輕鬆許多。

另外，掃除之外也可以同時做衣物換季。很多寺院會在六月和十月做衣物換季，僧侶的衣物，有厚薄兩種絹織布「羽二重」、絽布、紗布等布料。利用換季時清洗陰乾，修補衣物受損的部分，然後疊好以布巾包起來，放進防蟲香後用和紙包裹收納。

衣物整理也是一種換季掃除。身邊的物品潔淨清爽，居家時間會更舒適，同時心靈也能獲得整頓，自然湧出新的活力。

# 97

# 日常中的不日常

## ——萬物皆在不斷變化

## ◉幸福的人，擅長覺察微小變化

每個人都有散步或通勤的固定路線，你覺得路上看到的風景都一樣嗎？不，每一天，甚至是每分、每秒，即使是同一條路，風景都不盡相同。佛教提到「諸行無常」，世間森羅萬象，一切事物皆在剎那間變化流逝，即使是道路或建築物這些人工建物，也會經年不斷變化。

若是你漫不經心，從來不仔細留意周遭風景，即使走路也長時間都盯著手機看，當然無法發現日常生活中細微的變化，因此我建議可以試試定點觀測這個方法。

比方說，某一戶的庭院植栽、公園樹木、某家店鋪窗邊的盆栽、正在興建的建築物等，特別留意觀察各個要點，細細去感受微妙的變化。抬起頭，用心聽、看，一個小小的動作，能讓自己的感受性更豐富，讓心中充滿幸福感。

# 98

# 去掃墓

## ——讓內心嘈雜消散

## ◉慎終追遠的生命奇蹟

你會在每年的清明節或故人忌日去掃墓嗎？有些人可能因為路途不便，或因為各種因素而無法前去掃墓，但我希望各位盡可能每年至少去一次。

因為墓地是人與祖先連繫的地點，不只是沉睡在墓裡的故人，還延伸出無數家族和祖先的連結。

有個說法，「從自己這一代往前回溯十代，就有一〇二四個祖先；回溯二十代，就有一百萬個祖先；回溯三十代，就有超過十億個祖先」。只要少了其中一個祖先，就沒有今天的自己。

想到這裡，就會對祖先們湧出感恩之情，同時為自己存在於此處的奇蹟，深深感動。

掃墓，不僅是家人團聚之時，也正是重新體會生命可貴的機會。我相信只要誠心掃墓，內心的嘈雜就會漸漸消散，心靈也能因尋根溯源、追思先人而獲得安頓。

國家圖書館出版品預行編目資料

剛剛好，就是最好：每天改變一點點，禪定養心的 98 個日常練習 / 枡野俊明作；王華懋譯. -- 初版. -- 臺北市：三采文化股份有限公司, 2024.11
面； 公分. --（Mind Map; 276）
ISBN 978-626-358-520-1（平裝）

1.CST: 生活哲學

191.9 113014211

suncolor 三采文化

Mind Map 276

# 剛剛好，就是最好

## 每天改變一點點，禪定養心的 98 個日常練習

作者｜枡野俊明　譯者｜王華懋
專案主編｜李媁婷　美術主編｜藍秀婷　封面設計｜李蕙雲
版權協理｜劉契妙　內頁排版｜陳佩君　校對｜黃薇霓

發行人｜張輝明　總編輯長｜曾雅青　發行所｜三采文化股份有限公司
地址｜台北市內湖區瑞光路 513 巷 33 號 8 樓
傳訊｜TEL：（02）8797-1234　FAX：（02）8797-1688　網址｜www.suncolor.com.tw
郵政劃撥｜帳號：14319060　戶名：三采文化股份有限公司
初版發行｜2024 年 11 月 1 日　定價｜NT$420
4 刷｜2025 年 1 月 20 日

SHIGOTOMO JINSEIMO UMAKUIKU TOTONOERU CHIKARA
Copyright © 2022 Shunmyo Masuno
Chinese translation rights in complex characters arranged with Mikasa-Shobo Publishers Co., Ltd.
through Japan UNI Agency, Inc., Tokyo

著作權所有，本圖文非經同意不得轉載。如發現書頁有裝訂錯誤或污損事情，請寄至本公司調換。 All rights reserved.
本書所刊載之商品文字或圖片僅為說明輔助之用，非做為商標之使用，原商品商標之智慧財產權為原權利人所有。